Impressum
Verlag: BABADADA GmbH, Nedderfeld 112 , 22529 Hamburg
Geschäftsführer / Verlagsleitung: Harald Hof
Druck: Books on Demand GmbH, In de Tarpen 42, 22848 Norderstedt

Imprint
Publisher: BABADADA GmbH, Nedderfeld 112 , 22529 Hamburg, Germany
Managing Director / Publishing direction: Harald Hof
Print: Books on Demand GmbH, In de Tarpen 42, 22848 Norderstedt

школа

el colegio

делити
dividir

186/2

плоча
el pizarrón

учиона
el aula

школско дворிште
el patio de la escuela

наставник
el maestro

папир
el papel

писати
escribir

хемијска оловка
la birome

писаћи сто
el escritorio

лењир
la regla

књига
el libro

ученик
el alumno

торба

la mochila

перница

la caja de lápices

графитна оловка

el lápiz

шиљило за оловке

el sacapuntas

гумица за брисање

la goma (de borrar)

блок за цртање

el bloc de dibujo

цртеж

el dibujo

кист

el pincel

кутија са бојама

la caja de pinturas

маказе

la tijera

лепило

el pegamento

бележница

el cuaderno de ejercicios

домаћи задатак

la tarea

број

el número

сабирати

sumar

одузимати

restar

множити

multiplicar

рачунати

calcular

слово

la letra

абецеда

el abecedario

hello

реч

la palabra

текст
....
el texto

читати
....
leer

креда
....
la tiza

час
....
la lección

дневник
....
el cuaderno de clase

испит
....
el examen

сведочанство
....
el certificado

школска униформа
....
el uniforme escolar

образовање
....
la educación

лексикон
....
la enciclopedia

универзитет
....
la universidad

микроскоп
....
el microscopio

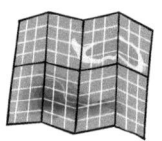

карта
....
el mapa

кошара за папир
....
el tacho (de basura)

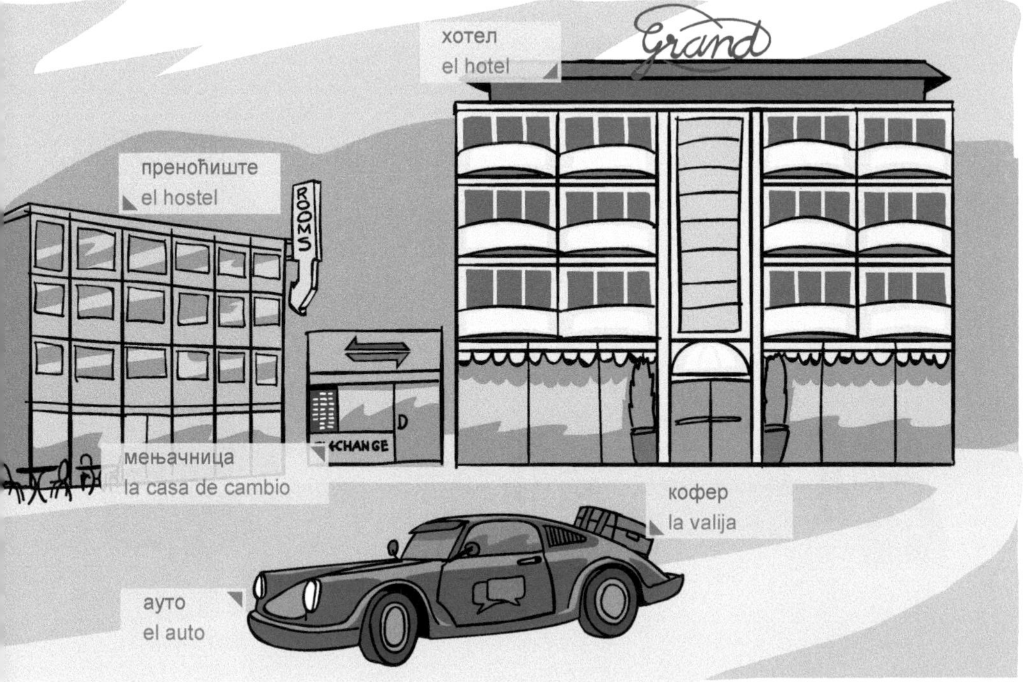

Grand
хотел
el hotel
преноћиште
el hostel
ROOMS
мењачница
la casa de cambio
кофер
la valija
ауто
el auto

језик

el idioma

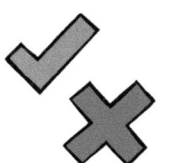

да / не

sí / no

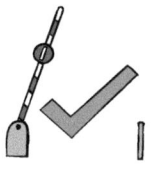

океј

Está bien

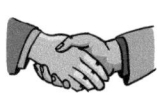

здраво

hola

преводилац

el traductor

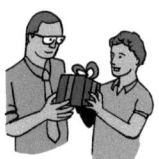

хвала

Gracias

Колико кошта...?

¿cuánto cuesta...?

не разумем

No entiendo

проблем

el problema

добро вече!

¡Buenas tardes!

Добро јутро!

¡Buenos días!

Лаку ноћ!

¡Buenas noches!

довиђења

el adiós

смер

la dirección

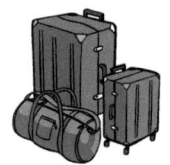

пртљага

el equipaje

торба

el bolso

руксак

la mochila

гост

el invitado

соба

la habitación

вреħа за спавање

la bolsa de dormir

шатор

la carpa

туристичке информације

la información turística

плажа

la playa

кредитна картица

la tarjeta de crédito

доручак

el desayuno

ручак

el almuerzo

вечера

la cena

карта за вожњу

el pasaje

лифт

el ascensor

поштанска маркица

el sello

граница

la frontera

царина

la aduana

амбасада

la embajada

виза

la visa

пасош

el pasaporte

транспорт

el transporte

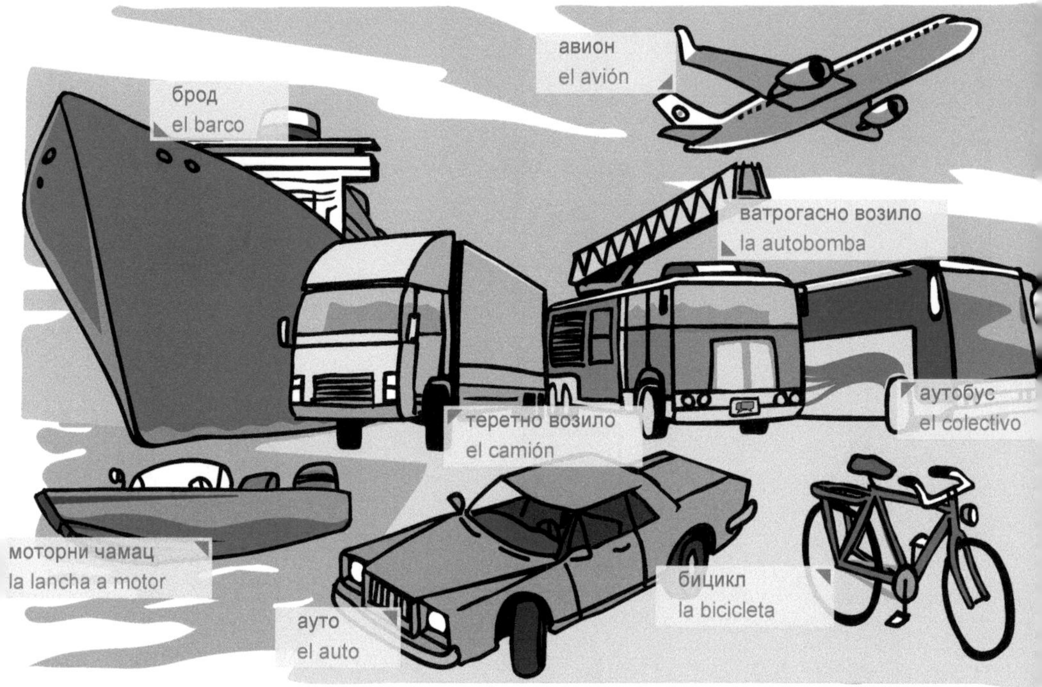

авион
el avión
брод
el barco
ватрогасно возило
la autobomba
аутобус
el colectivo
теретно возило
el camión
моторни чамац
la lancha a motor
бицикл
la bicicleta
ауто
el auto

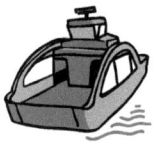

трајект

el ferry

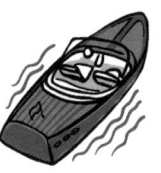

чамац

el bote

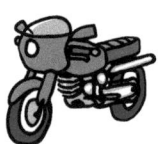

мотоцикл

la moto

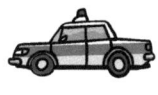

полицијски ауто

el patrullero

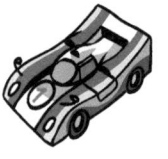

тркаћи ауто

el auto de carreras

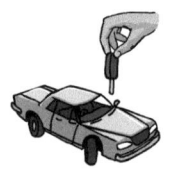

изнајмљено ауто

el auto de alquiler

деление аутомобила

el alquiler de autos

вучно возило

la grúa

возило за одвоз смећа

el camión de la basura

мотор

el motor

бензин

la nafta

бензинска станица

la estación de servicio

саобраћајни знак

la señal de tránsito

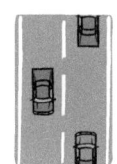

саобраћај

el tránsito

застој

el embotellamiento

паркиралиште

el estacionamiento

железничка станица

la estación de tren

шине

las vías

воз

el tren

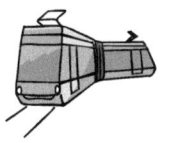

трамвај

el tranvía

вагон

el vagón

хеликоптер

el helicóptero

аеродром

el aeropuerto

кула

la torre

путник

el pasajero

контејнер

el contenedor

картон

la caja de cartón

колица

la carretilla

корпа

la canasta

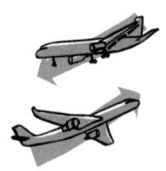

узлетети / слетети

despegar / aterrizar

град

la ciudad

село

el pueblo

центар града

el centro de la ciudad

кућа

la casa

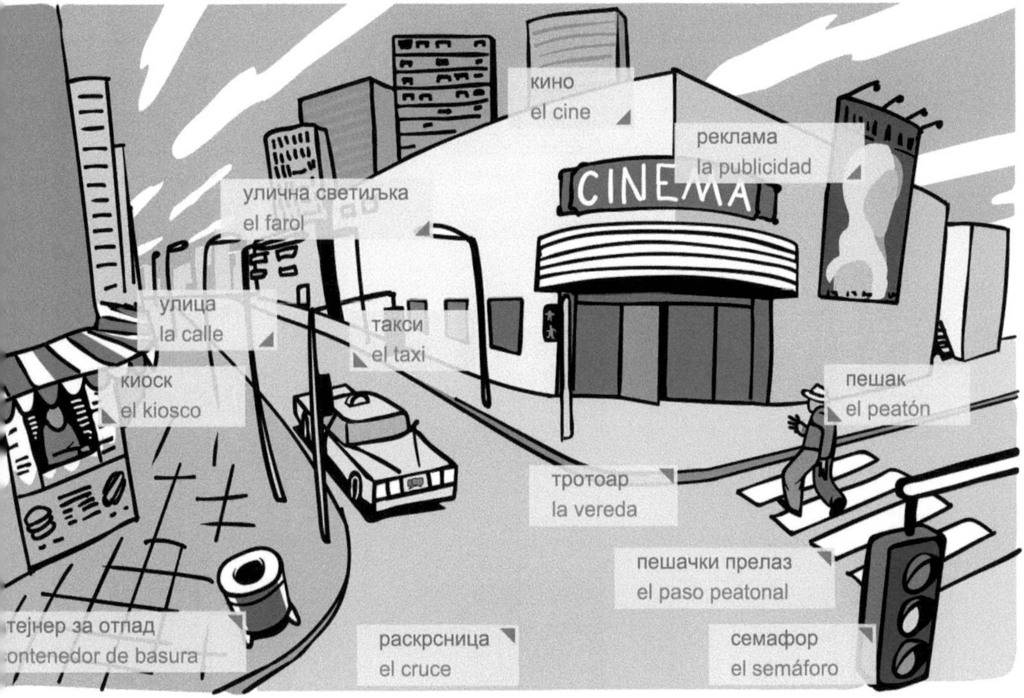

кино
el cine

реклама
la publicidad

улична светиљка
el farol

CINEMA

улица
la calle

такси
el taxi

киоск
el kiosco

пешак
el peatón

тротоар
la vereda

пешачки прелаз
el paso peatonal

тејнер за отпад
ontenedor de basura

раскрсница
el cruce

семафор
el semáforo

колиба
la cabaña

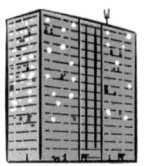

стан
el departamento

железничка станица
la estación de tren

већница
la municipalidad

музеј
el museo

школа
el colegio

универзитет

la universidad

банка

el banco

болница

el hospital

хотел

el hotel

апотека

la farmacia

канцеларија

la oficina

књижара

la librería

продавница

el negocio

цвећара

la florería

супермаркет

el supermercado

трг

el mercado

робна кућа

las grandes tiendas

рибарница

la pescadería

трговачки центар

el centro comercial

лука

el puerto

парк
....
el parque

клупа
....
el banco

мост
....
el puente

степенице
....
las escaleras

подземна железница
....
el subte

тунел
....
el túnel

аутобуска станица
....
la parada del colectivo

бар
....
el bar

ресторан
....
el restaurante

поштанско сандуче
....
el buzón

улични знак
....
el letrero

паркирни аутомат
....
el parquímetro

зоолошки врт
....
el zoológico

базен
....
la pileta

џамија
....
la mezquita

сеоско газдинство

la granja

загађење околине

la contaminación

гробље

el cementerio

црква

la iglesia

игралиште

los juegos infantiles

храм

el templo

пејсаж
el paisaje

лист
la hoja

путоказ
el poste indicador

пут
el camino

ливада
la pradera

камен
la piedra

дрво
el árbol

шетач
el excursionista

река
el río

трава
la hierba

цвет
la flor

долина
el valle

планина
la montaña

језеро
el lago

шума
el bosque

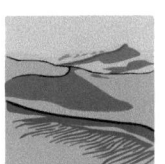

пустиња
el desierto

вулкан
el volcán

дворац
el castillo

дуга
el arco iris

гљива
el champiñón

палма
la palmera

москито
el mosquito

мува
la mosca

мрав
la hormiga

пчела
la abeja

паук
la araña

буба

el escarabajo

жаба

la rana

веверица

la ardilla

јеж

el erizo

зец

la liebre

сова

la lechuza

птица

el pájaro

лабуд

el cisne

дивља свиња

el jabalí

јелен

el ciervo

лос

el alce

насип

la presa

ветрењача

el aerogenerador

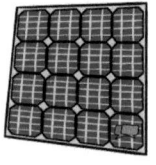

соларна плоча

el panel solar

клима

el clima

ресторан
el restaurante

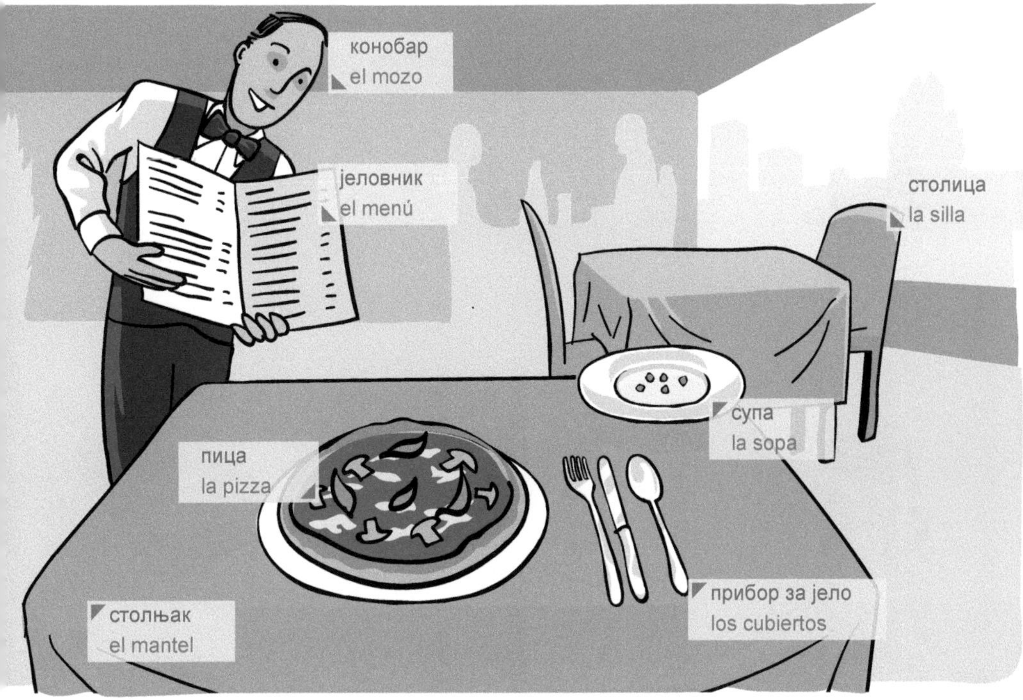

конобар
el mozo
јеловник
el menú
столица
la silla
супа
la sopa
пица
la pizza
прибор за јело
los cubiertos
стољњак
el mantel

предјело
la entrada

главно јело
el plato principal

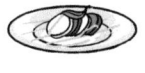

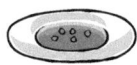

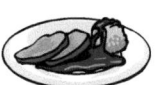

десерт
el postre

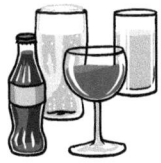

напитци
las bebidas

јело
la comida

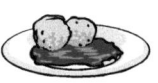

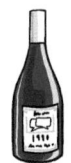

флаша
la botella

брза храна

la comida rápida

имбис храна

la comida callejera

чајник

la tetera

доза за шећер

la azucarera

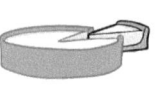

порција

la porción

апарат за еспресо

la cafetera expreso

висока столица

la sillita alta

рачун

la cuenta

послужавник

la bandeja

нож

el cuchillo

виљушка

el tenedor

кашика

la cuchara

чајна кашика

la cucharita

салвета

la servilleta

чаша

el vaso

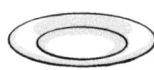

тањир

el plato

тањир за супу

el plato hondo

тањирић

el plato

сос

la salsa

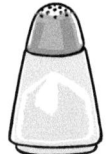

сољенка

el salero

млин за бибер

el molinillo de pimienta

сирће

el vinagre

уље

el aceite

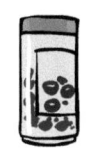

зачини

las especias

кечап

el kétchup

сенф

la mostaza

мајонеза

la mayonesa

супермаркет

el supermercado

понуда
la oferta especial
FOR
купац
el cliente
млечни производи
los lácteos
воће
la fruta
колица за куповину
el changuito

BUTCHERS

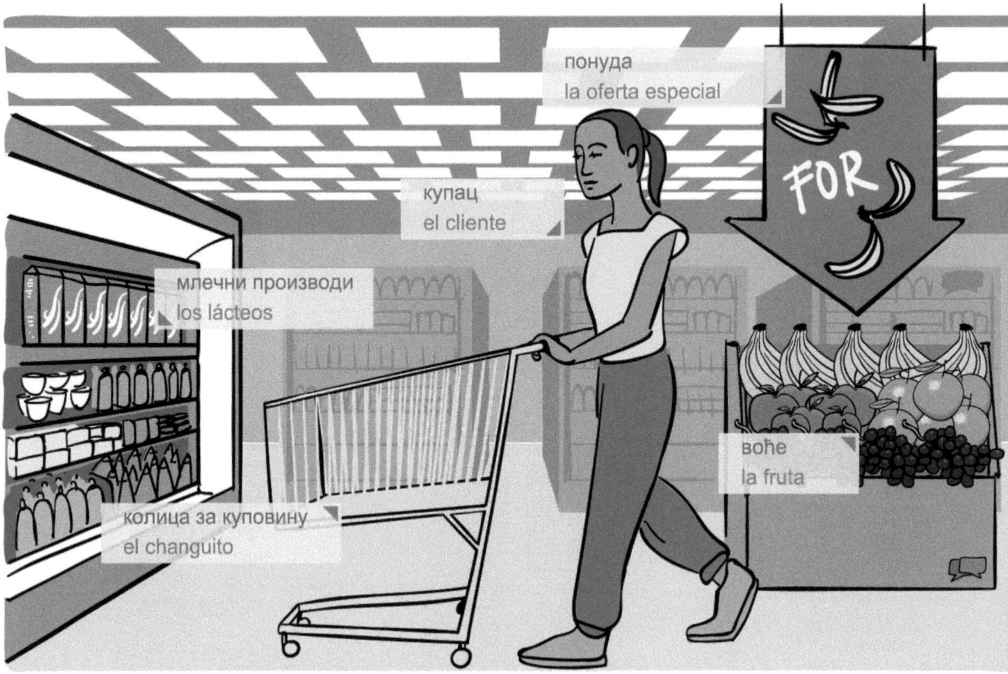

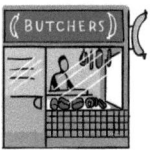

месница

la carnicería

BAKERY

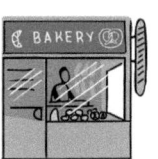

пекара

la panadería

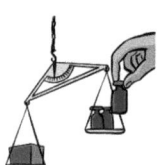

вагати

pesar

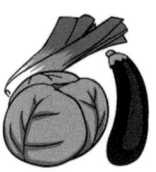

поврће

las verduras

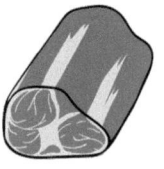

месо

la carne

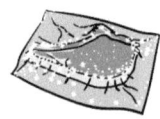

смрзнута храна

los alimentos congelados

нарезак

los fiambres

конзерве

los alimentos enlatados

средство за прање

el detergente en polvo

слаткиши

las golosinas

артикли за домаћинство

los electrodomésticos

средства за чишћење

los productos de limpieza

продавачица

la vendedora

благајна

la caja

благајник

el cajero

листа за куповину

la lista de compras

време рада

el horario de atención

новчаник

la billetera

кредитна картица

la tarjeta de crédito

торба

la cartera

пластична кеса

la bolsa de plástico

напитци

las bebidas

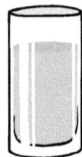

вода

el agua

сок

el jugo

млеко

la leche

кола

la bebida cola

вино

el vino

пиво

la cerveza

алкохол

el alcohol

какао

el cacao

чај

el té

кава

el café

еспресо

el café expreso

капућино

el cappuccino

банана

la banana

јабука

la manzana

наранџа

la naranja

лубеница

el melón

лимун

el limón

шаргарепа

la zanahoria

бели лук

el ajo

бамбус

el bambú

лук

la cebolla

гљива

el champiñón

орашасти плодови

las nueces

резанци

los fideos

шпагете

los tallarines

рижа

el arroz

салата

la ensalada

помфрит

las papas fritas

печени крумпир

las papas fritas

пица

la pizza

хамбургер

la hamburguesa

сендвич

el sándwich

шницла

el churrasco

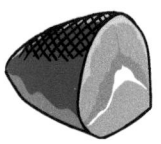

шунка

el jamón

салама

el salame

кобасица

la salchicha

кокош

el pollo

печење

el asado

риба

el pescado

зобене пахуљице

los copos de avena

мусли

el muesli

кукурузне пахуљице

los copos de maíz

брашно

la harina

кроасан

la medialuna

пециво

el pancito

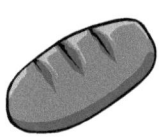

хлеб

el pan

тоаст

la tostada

кекси

las galletitas

маслац

la manteca

свежи сир

la cuajada

колач

la torta

јаје

el huevo

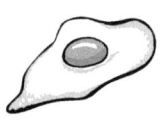

јаје на око

el huevo frito

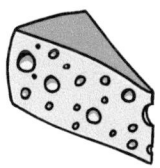

сир

el queso

сладолед

el helado

шећер

el azúcar

мед

la miel

мармелада

la mermelada

нугат крема

la pasta de chocolate

кари

el curry

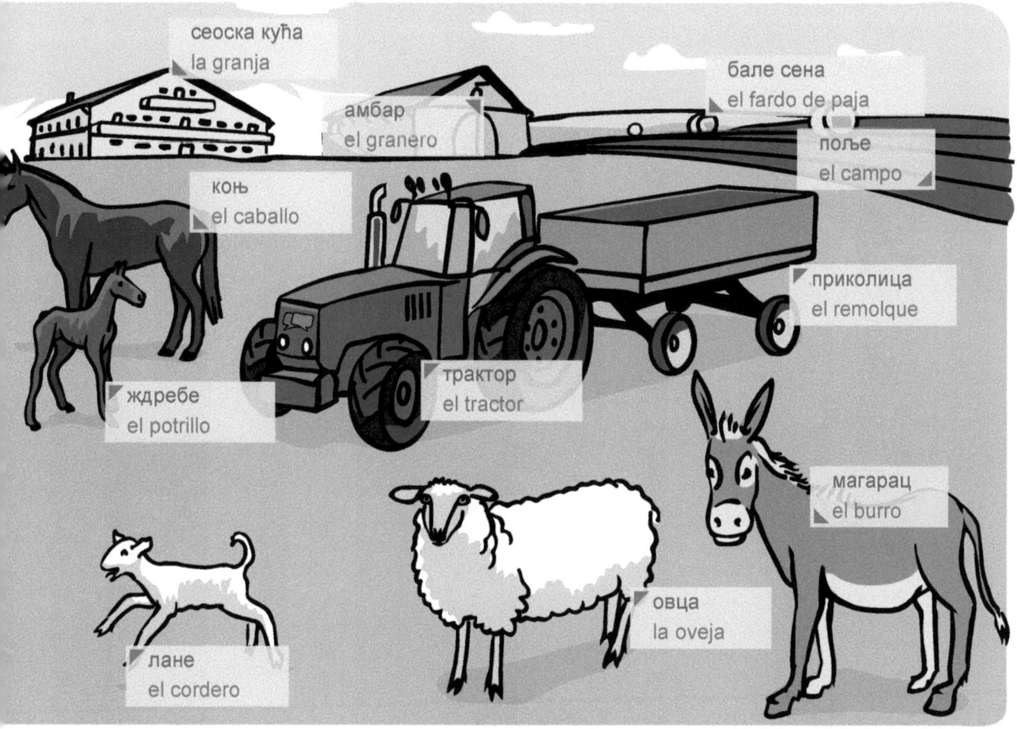

сеоска кућа
la granja

амбар
el granero

бале сена
el fardo de paja

поље
el campo

коњ
el caballo

приколица
el remolque

трактор
el tractor

ждребе
el potrillo

магарац
el burro

лане
el cordero

овца
la oveja

коза

la cabra

крава

la vaca

теле

el ternero

свиња

el cerdo

прасе

el lechón

бик

el toro

гуска

el ganso

патка

el pato

пилићи

el pollo

кокош

la gallina

петао

el gallo

пацов

la rata

мачка

el gato

миш

el ratón

во

el buey

пас

el perro

кућица за пса

la cucha

вртно црево

la manguera

канта за поливање

la regadera

коса

la guadaña

плуг

el arado

срп

la hoz

мотика

la azada

виљушка за ђубриво

la horquilla

секира

el hacha

тачке

la carretilla

корито

el abrevadero

посуда за млеко

la lechera

вређа

la bolsa

ограда

la reja

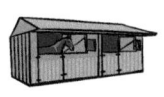

штала

el establo

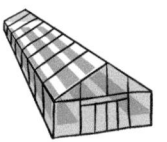

стакленик

el invernadero

земља

el suelo

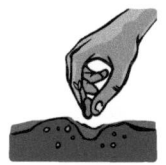

семе

la semilla

ђубриво

el fertilizador

комбајн

la cosechadora

жети
cosechar

жетва
la cosecha

јамс зачин
las batatas

пшеница
el trigo

соја
la soja

крумпир
la papa

кукуруз
el maíz

уљана репица
la semilla de colza

воћка
el árbol frutal

гомољ маниоке
la mandioca

житарице
los cereales

кућа

la casa

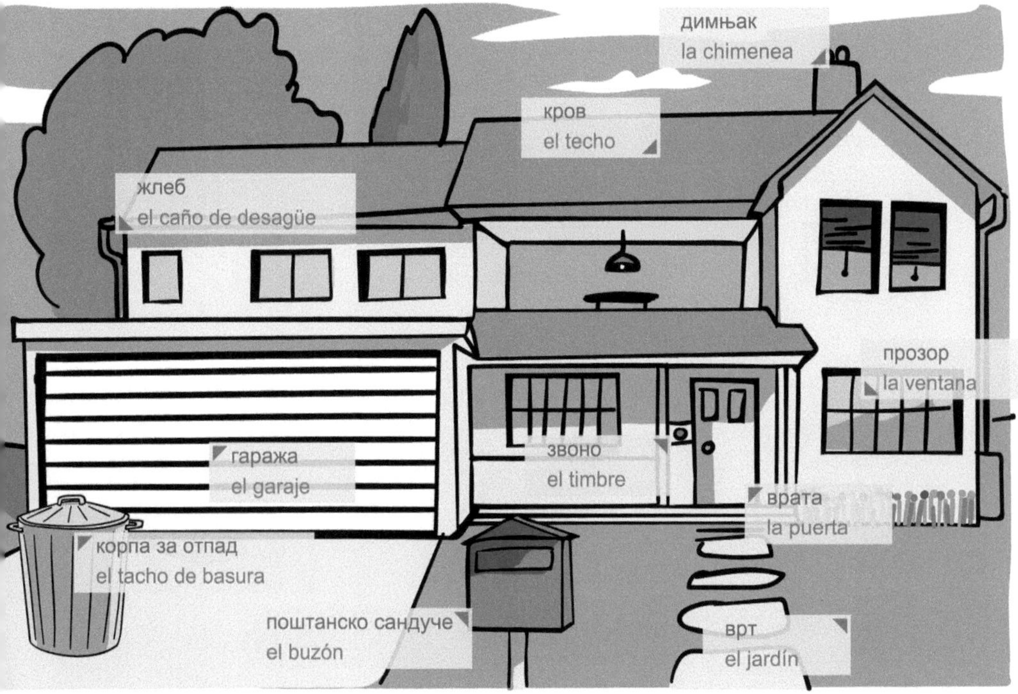

димњак
la chimenea
кров
el techo
жлеб
el caño de desagüe
прозор
la ventana
гаража
el garaje
звоно
el timbre
врата
la puerta
корпа за отпад
el tacho de basura
поштанско сандуче
el buzón
врт
el jardín

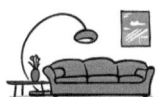

дневна соба

el living

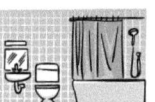

купаоница

el baño

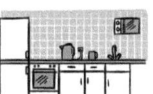

кухиња

la cocina

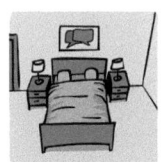

спаваћа соба

el dormitorio

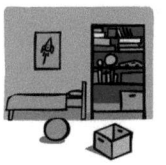

дечија соба

el cuarto de los chicos

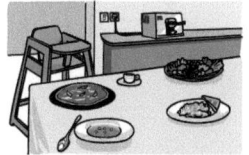

трпезарија

el comedor

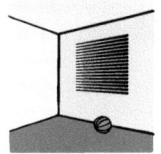

под

el piso

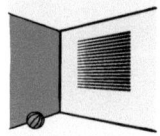

зид

la pared

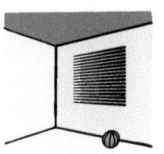

строп

el cielorraso

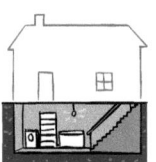

подрум

el sótano

сауна

el sauna

балкон

el balcón

тераса

la terraza

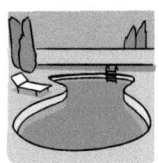

базен

la pileta

косилица за траву

la cortadora de pasto

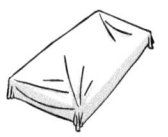

постељина за кревет

la sábana

дека за кревет

el acolchado

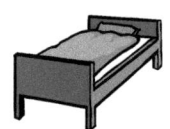

кревет

la cama

метла

la escoba

канта

el balde

прекидач

el interruptor

дневна соба
el living

тапета
el empapelado
слика
la imagen
светиљка
la lámpara
регал
el estante
ормар
el armario
телевизија
la televisión
камин
la chimenea
цвет
la flor
јастук
el almohadón
кауч
el sofá
ваза
el florero
даљински управљач
el control remoto

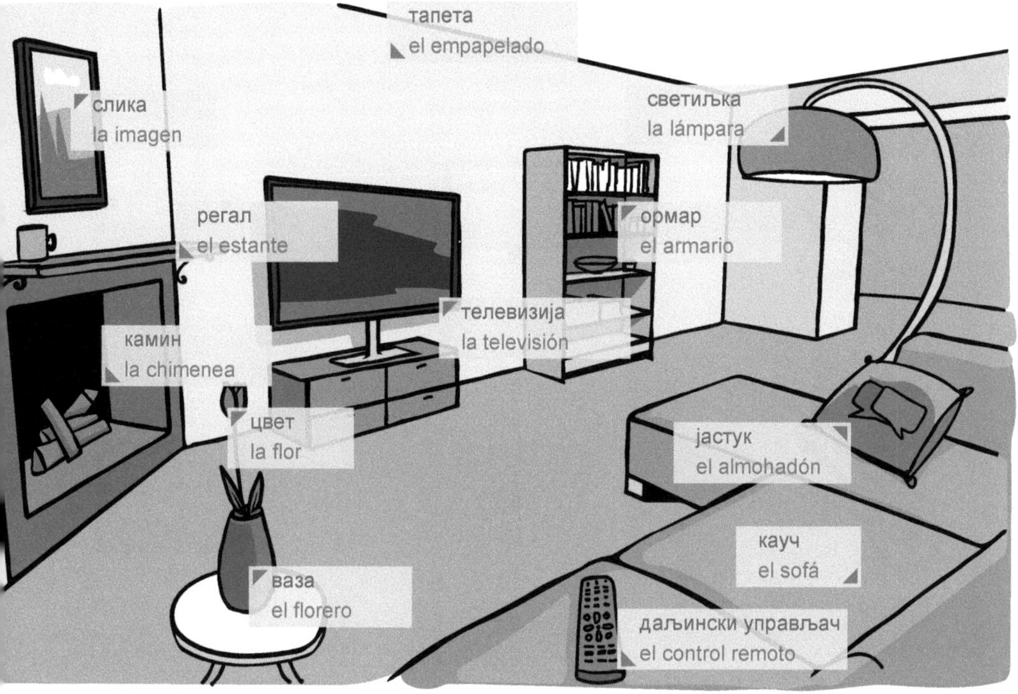

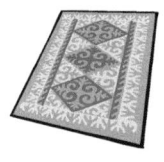

тепих
la alfombra

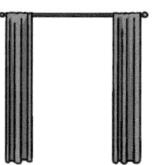

завеса
la cortina

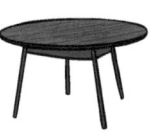

сто
la mesa

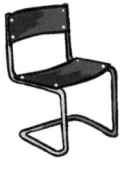

столица
la silla

столица за љихање
la mecedora

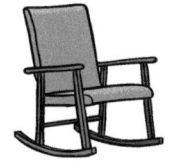

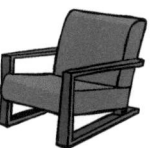

фотеља
el sillón

књига

el libro

дека

la frazada

декорација

la decoración

дрво за огрев

la leña

филм

la película

хи-фи уређај

el equipo de música

кључ

la llave

новине

el diario

слика на платну

la pintura

постер

el póster

радио

la radio

блок за писање

el cuaderno

усисивач

la aspiradora

кактус

el cactus

свећа

la vela

кухиња

la cocina

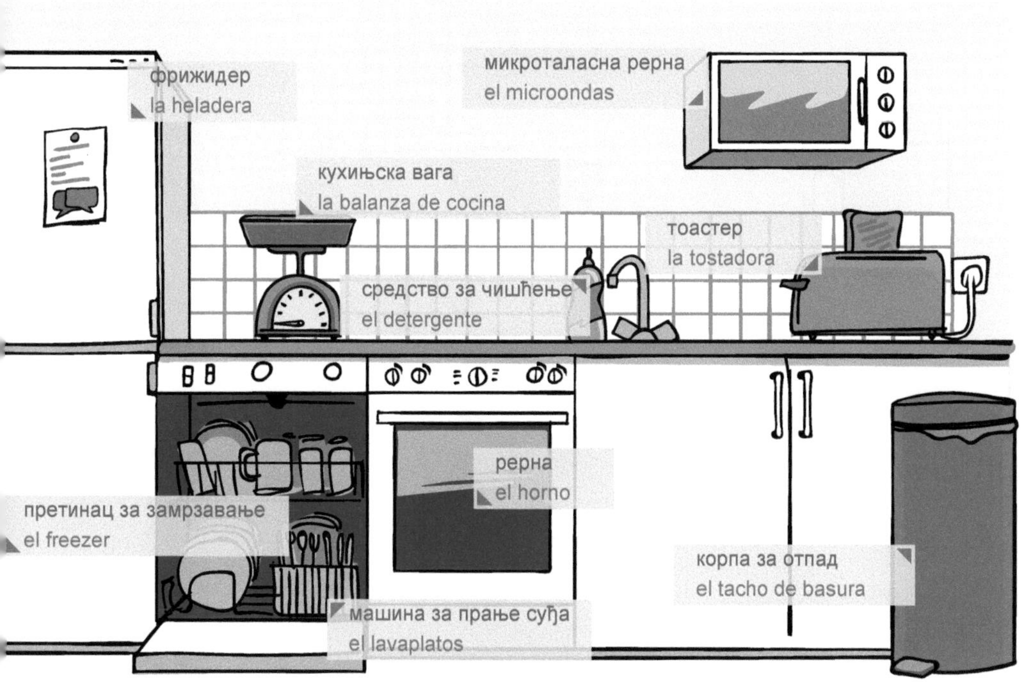
фрижидер
la heladera
микроталасна рерна
el microondas
кухињска вага
la balanza de cocina
тоастер
la tostadora
средство за чишћење
el detergente
рерна
el horno
претинац за замрзавање
el freezer
корпа за отпад
el tacho de basura
машина за прање суђа
el lavaplatos

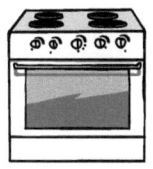

шпорет

la cocina

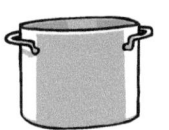

лонац

la olla

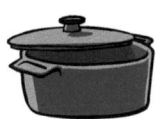

гвоздени лонац

la olla de hierro fundido

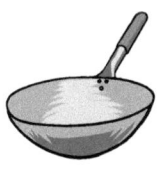

вок / кадаи

el wok

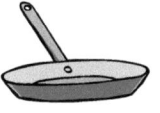

тава

la sartén

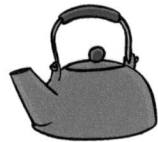

кувало за воду

la pava

кувало на пару

la vaporera

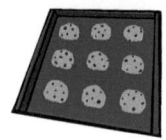

лим за печење

la bandeja de horno

посуђе

la vajilla

чаша

la taza

посуда

el bol

штапићи за јело

los palitos

кутлача

el cucharón

лопатица

la espátula

пењача

la batidora

сито за кување

el colador

сито

el colador

рибеж

el rallador

мужар

el mortero

роштиљ

la parrilla

огњиште

la fogata

даска

la tabla de picar

оклагија

el palo de amasar

вадичеп

el sacacorchos

конзерва

la lata

отварач конзерви

el abrelatas

крпа за лонац

la manopla

судопер

la pileta

четка

el cepillo

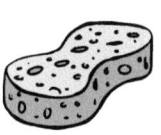

сунђер

la esponja

миксер

la batidora

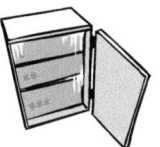

замрзивач

el congelador

флашица за бебе

la mamadera

славина за воду

la canilla

купаоница

el baño

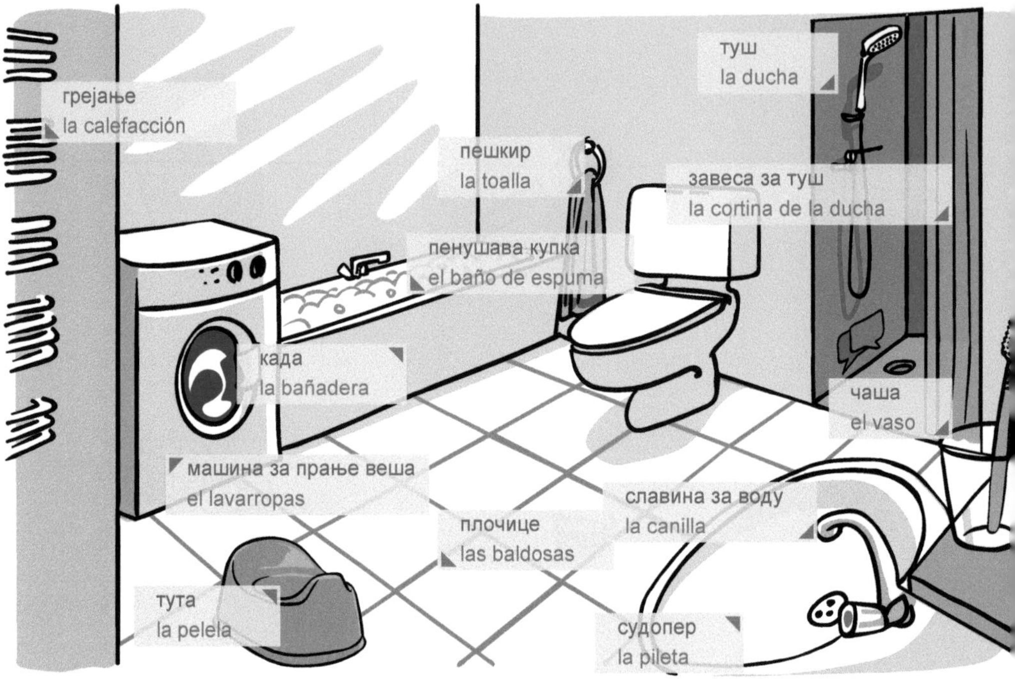
грејање
la calefacción
туш
la ducha
пешкир
la toalla
завеса за туш
la cortina de la ducha
пенушава купка
el baño de espuma
када
la bañadera
чаша
el vaso
машина за прање веша
el lavarropas
славина за воду
la canilla
плочице
las baldosas
тута
la pelela
судопер
la pileta

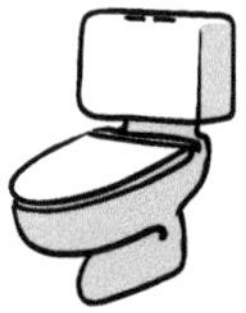

тоалет

el inodoro

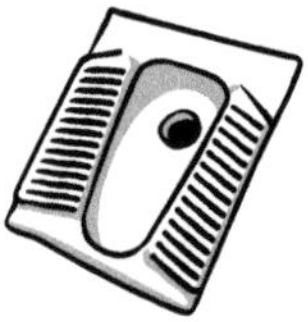

чучавац

la letrina

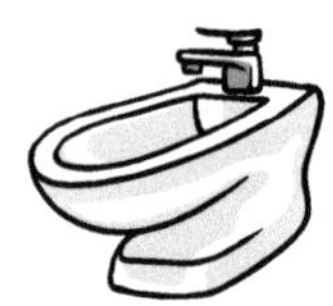

бидет

el bidé

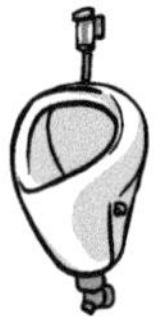

писоар

el mingitorio

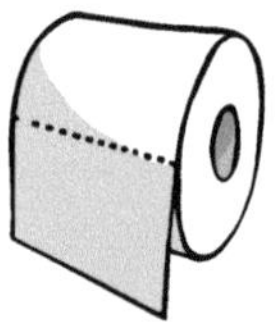

тоалетни папир

el papel higiénico

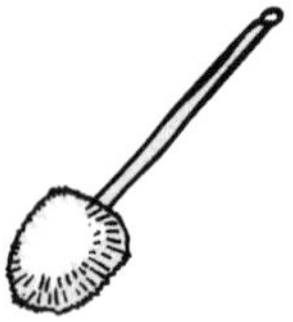

четка за тоалет

el cepillo para el inodoro

четкица за зубе

el cepillo de dientes

паста за зубе

el dentífrico

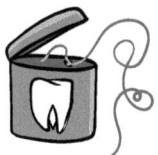

конац за зубе

el hilo dental

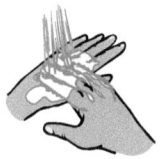

прати

lavar

туш ручица

la ducha de mano

туш за прање интимних делова

la ducha higiénica

лавор

la palangana

четка за прање леђа

el cepillo para la espalda

сапун

el jabón

гел за туширање

el gel de ducha

шампон

el shampoo

крпа за прање

la toallita

одвод

el desagüe

крема

la crema

дезодоранс

el desodorante

огледало

el espejo

козметичко огледало

el espejito

бријач

la maquinita de afeitar

пена за бријање

la espuma de afeitar

лосион за после бријања

el aftershave

чешаљ

el peine

четка

el cepillo

фен за косу

el secador de pelo

спреј за косу

el spray

шминка

el maquillaje

руж за усне

el lápiz de labios

лак за нокте

el esmalte para uñas

вата

el algodón

маказе за нокте

la tijera para uñas

парфем

el perfume

козметичка торбица

el portacosméticos

столица

la banqueta

вага

la balanza

огртач

la bata

рукавице за чишћење

los guantes de goma

тампон

el tampón

уложак

la toallita femenina

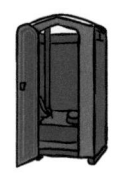

хемијски тоалет

el baño químico

дечија соба

el cuarto de los chicos

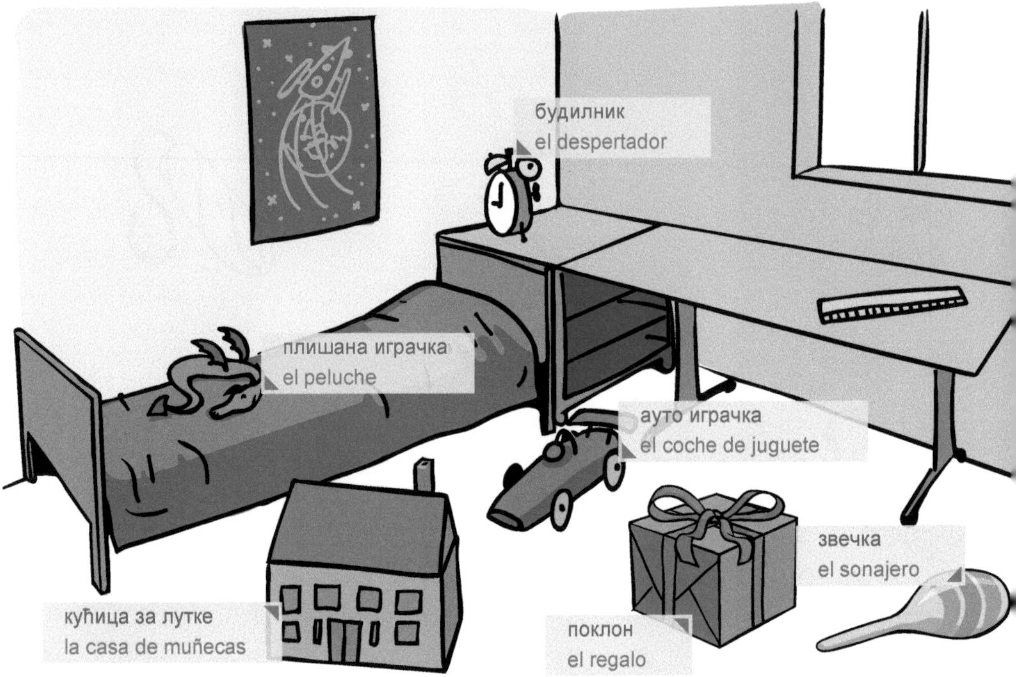

будилник
el despertador
плишана играчка
el peluche
ауто играчка
el coche de juguete
звечка
el sonajero
кућица за лутке
la casa de muñecas
поклон
el regalo

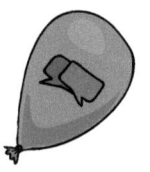

балон

el globo

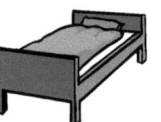

кревет

la cama

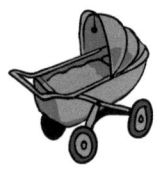

дјечија колица

el cochecito

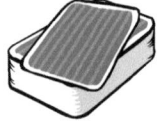

игра са картама

las cartas

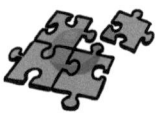

слагалица

el rompecabezas

SUPER
MEGA

стрип

la historieta

лего коцкице

las piezas de lego

коцкице за слагање

los ladrillos de juguete

акциони јунак

la figura de acción

бенкица за бебе

el enterito (de bebé)

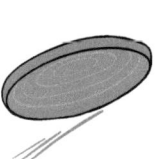

фризби

el frisbee

висеће играчке

el móvil para bebés

друштвене игре

el juego de mesa

коцка

los dados

минијатурна жељезница

el tren eléctrico

дуда

el chupete

забава

la fiesta

сликовница

el libro de cuentos ilustrado

лопта

la pelota

лутка

la muñeca

играти

jugar

пешчаник
....
el arenero

љуљачка
....
la hamaca

играчка
....
los juguetes

конзола за игре
....
la consola de videojuegos

трицикл
....
el triciclo

теди
....
el osito de peluche

ормар
....
el armario

одећа

la ropa

кратке чарапе
....
las medias

чарапе
....
las medias panty

хулахопке
....
las calzas

шал
la bufanda

кишобран
el paraguas

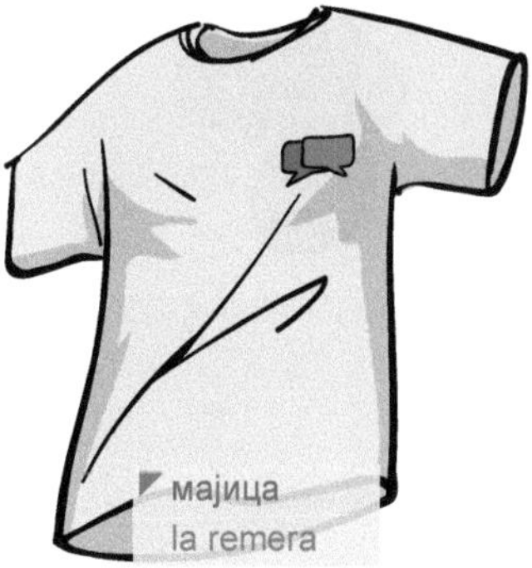

мајица
la remera

каиш
el cinturón

чизме
las botas

папуче
las pantuflas

патике
las zapatillas

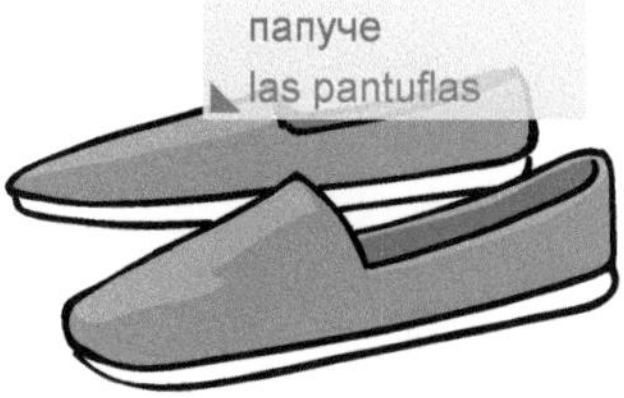

сандале
las sandalias

ципеле
los zapatos

гумене чизме
las botas de goma

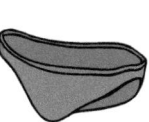
гаћице
la ropa interior

грудњак
el corpiño

поткошуља
el chaleco

боди

el body

панталоне

los pantalones

фармерке

los jeans

сукња

la pollera

блуза

la blusa

кошуља

la camisa

џемпер

el pulóver

џемпер с капуљачом

el buzo

сако

el blazer

јакна

la campera

мантил

el tapado

кабаница

el piloto

костим

el traje

хаљина

el vestido

венчаница

el vestido de novia

одело

el traje

спаваћица

el camisón

пиџама

el pijama

сари

el sari

марама за главу

el pañuelo para la cabeza

турбан

el turbante

бурка

la burka

кафтан

el caftán

абаја

la abaya

купаћи костим

el traje de baño

купаће гаћице

el short de baño

кратке панталоне

los shorts

одећа за тренинг

el jogging

кецеља

el delantal

рукавице

los guantes

дугме

el botón

наочаре

los anteojos

наруквица

la pulsera

огрлица

el collar

прстен

el anillo

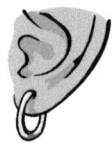

наушница

el aro

капа

la gorra

вешалица

la percha

шешир

el sombrero

кравата

la corbata

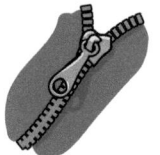

патент затварач

el cierre

кацига

el casco

нараменице

los tiradores

школска униформа

el uniforme escolar

униформа

el uniforme

подбрадак

el babero

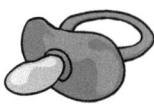

дуда

el chupete

пелена

el pañal

канцеларија
la oficina

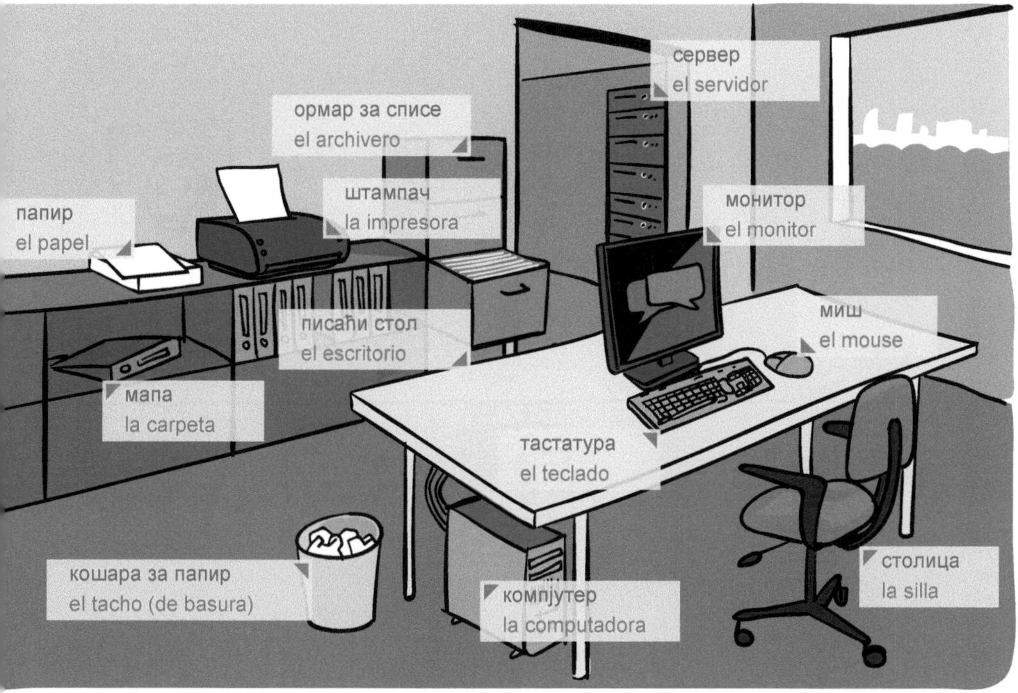

сервер
el servidor

ормар за списе
el archivero

штампач
la impresora

папир
el papel

монитор
el monitor

писаћи стол
el escritorio

миш
el mouse

мапа
la carpeta

тастатура
el teclado

столица
la silla

кошара за папир
el tacho (de basura)

компјутер
la computadora

шалица за каву

la taza de café

калкулатор

la calculadora

интернет

el internet

лаптоп

la laptop

писмо

la carta

порука

el mensaje

мобилни телефон

el celular

мрежа

la red

уређај за копирање

la fotocopiadora

софтвер

el software

телефон

el teléfono

утичница

el tomacorriente

факс

el fax

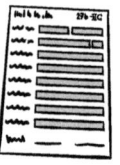

формулар

el formulario

документ

el documento

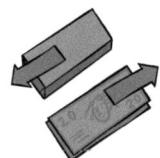

куповати

comprar

платити

pagar

трговати

hacer negocios

новац

el dinero

долар

el dólar

евро

el euro

јен

el yen

рубља

el rublo

швајцарски франак

el franco suizo

ренминдби јуан

el yuan

рупија

la rupia

аутомат за новац

el cajero automático

мењачница

la casa de cambio

злато

el oro

сребро

la plata

нафта

el petróleo

енергија

la energía

цена

el precio

уговор

el contrato

порез

el impuesto

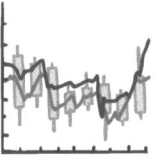

деонице

la acción

радити

trabajar

службеник

el empleado

послодавац

el empleador

фабрика

la fábrica

продавница

el negocio

занимања
las ocupaciones

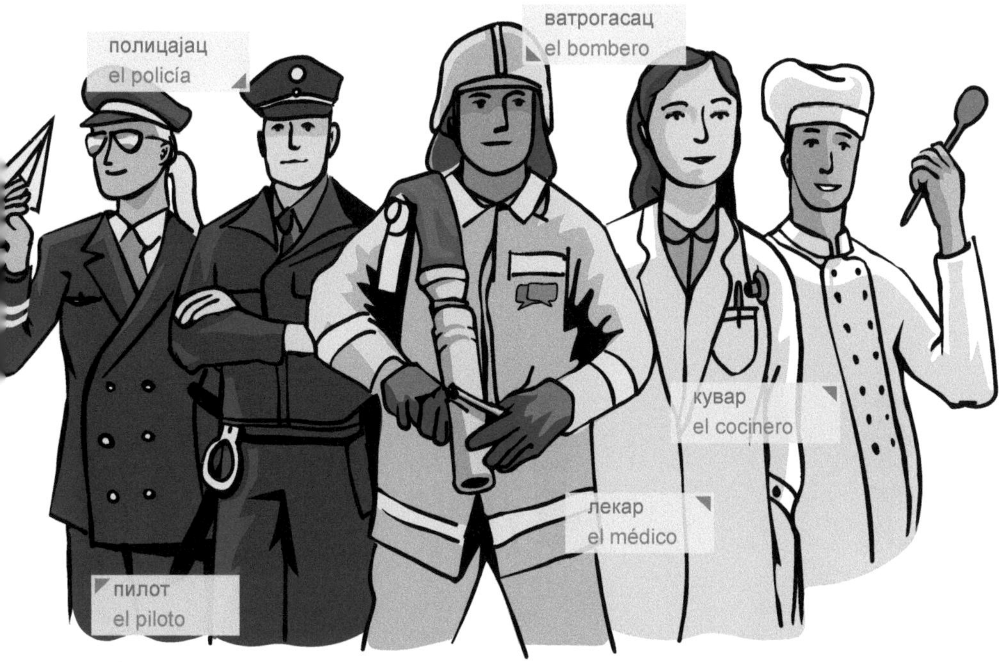

ватрогасац
el bombero
полицајац
el policía
кувар
el cocinero
лекар
el médico
пилот
el piloto

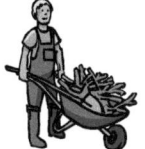

вртлар
....
el jardinero

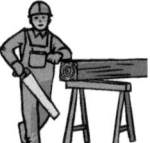

столар
....
el carpintero

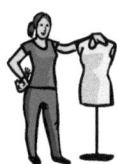

кројачица
....
la modista

судија
....
el juez

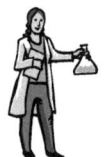

хемичар
....
el farmacéutico

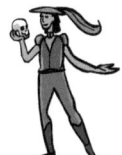

глумац
....
el actor

возач аутобуса

el colectivero

возач таксија

el taxista

рибар

el pescador

чистачица

la mucama

кровопокривач

el techista

конобар

el mozo

ловац

el cazador

сликар

el pintor

пекар

el panadero

електричар

el electricista

грађевински радник

el albañil

инжењер

el ingeniero

месар

el carnicero

лимар

el plomero

поштар

el cartero

војник

el soldado

архитекта

el arquitecto

благајник

el cajero

цвећар

el florista

фризер

el peluquero

кондуктер

el cobrador

механичар

el mecánico

капетан

el capitán

зубар

el dentista

научник

el científico

раби

el rabino

имам

el imán

монах

el monje

свећеник

el sacerdote

алати

las herramientas

чекић
el martillo
клешта
la tenaza
одвијач
el destornillador
кључ за завртње
la llave
џепна лампа
la linterna

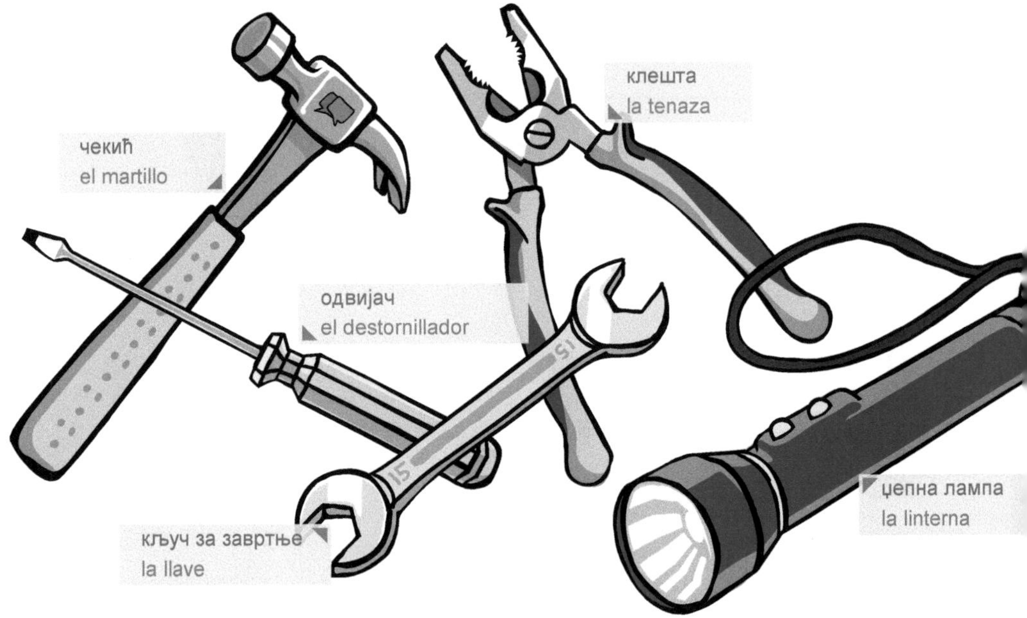

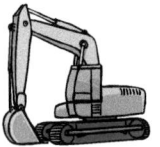

багер

la excavadora

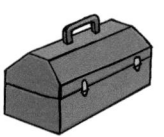

кутија за алат

la caja de herramientas

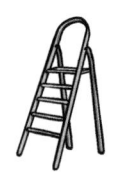

мердевине

la escalera portátil

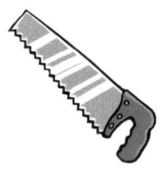

пила

la sierra

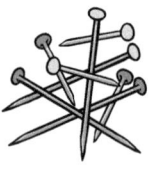

ексер

los clavos

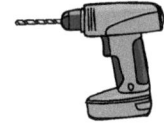

бушилица

el taladro

поправити

arreglar

лопата

la pala de jardín

до ђавола!

¡Qué bronca!

лопатица

la pala de plástico

лонац за боју

el tacho de pintura

завртањи

los tornillos

музички инструмент
los instrumentos musicales

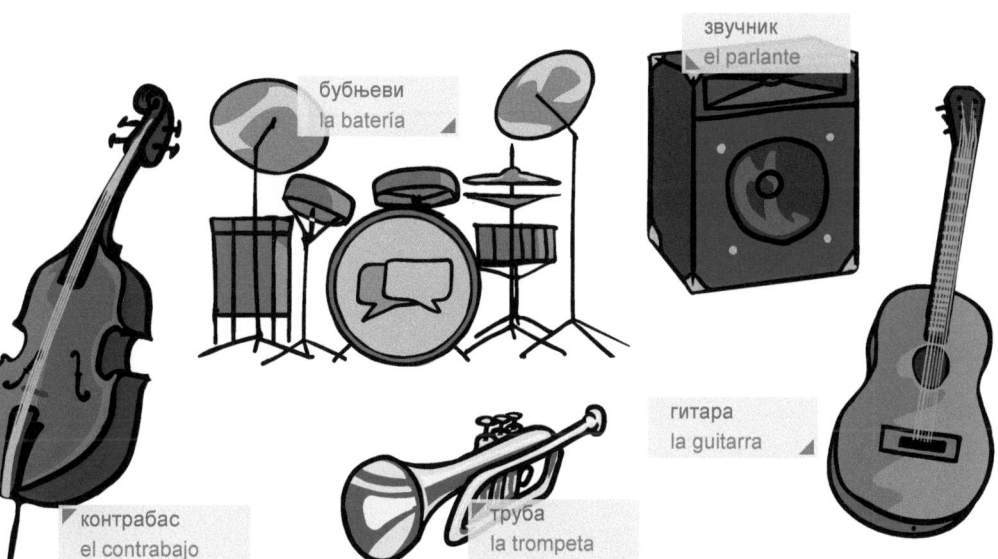

звучник
el parlante

бубњеви
la batería

гитара
la guitarra

контрабас
el contrabajo

труба
la trompeta

клавир

el piano

виолина

el violín

бас

el bajo

тимпани

los timbales

удараљке за бубњеве

el tambor

типке клавира

el teclado

саксофон

el saxofón

флаута

la flauta

микрофон

el micrófono

зоолошки врт

el zoológico

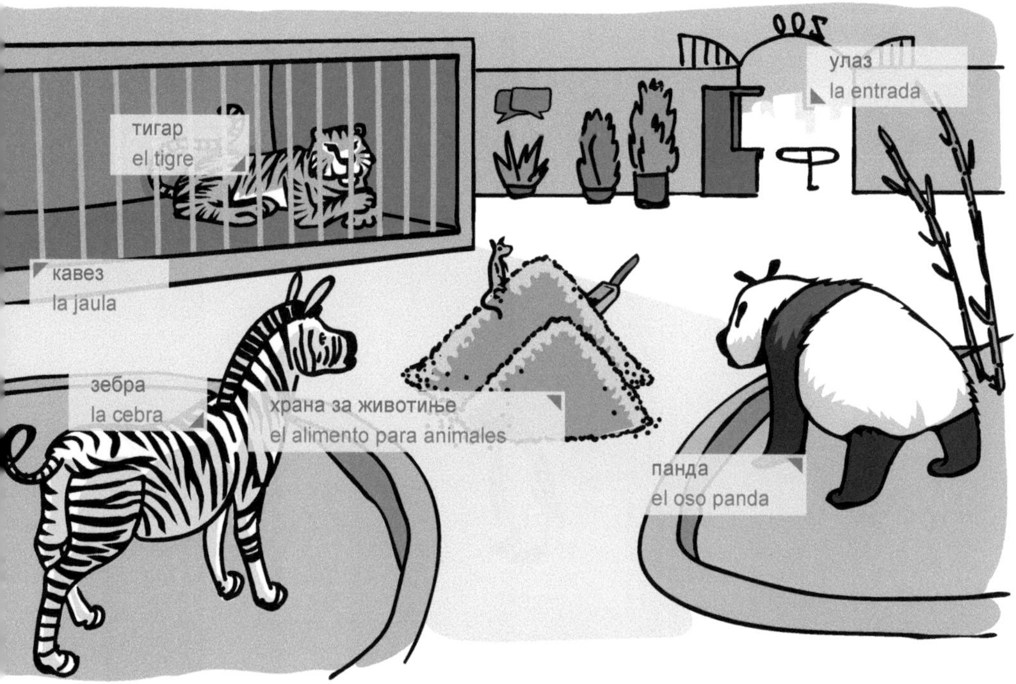

тигар
el tigre
кавез
la jaula
улаз
la entrada
зебра
la cebra
храна за животиње
el alimento para animales
панда
el oso panda

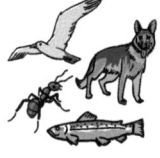

животиње

los animales

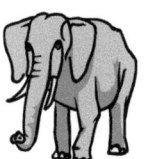

слон

el elefante

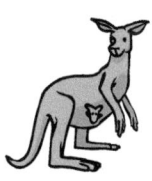

кенгур

el canguro

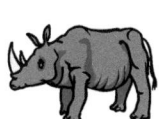

носорог

el rinoceronte

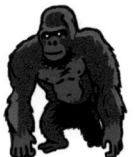

горила

el gorila

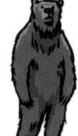

медвед

el oso

камила

el camello

нոj

el avestruz

лав

el león

мajмун

el mono

фламинго

el flamenco

папагaj

el loro

поларни медвед

el oso polar

пингвин

el pingüino

ajкула

el tiburón

паун

el pavo real

змиja

la serpiente

крокодил

el cocodrilo

чувар у зоолошком врту

el cuidador del zoológico

туљан

la foca

jaгуар

el jaguar

пони

el poni

леопард

el leopardo

нилски коњ

el hipopótamo

жирафа

la jirafa

орао

el águila

дивља свиња

el jabalí

риба

el pescado

корњача

la tortuga

морж

la morsa

лисица

el zorro

газела

la gacela

спорт

los deportes

амерички ногомет
el fútbol americano

бициклизам
el ciclismo

тенис
el tenis

кошарка
el básquet

пливање
la natación

бокс
el boxeo

хокеј на леду
el hockey sobre hielo

фудбал

el fútbol

бадминтон

el bádminton

атлетика

el atletismo

рукомет

el handball

скијање

el esquí

поло

el polo

активности

las actividades

смејати се
reír
скочити
saltar
загрлити
abrazar
ићи
caminar
певати
cantar
сањати
soñar
молити се
rezar
пољубити
besar

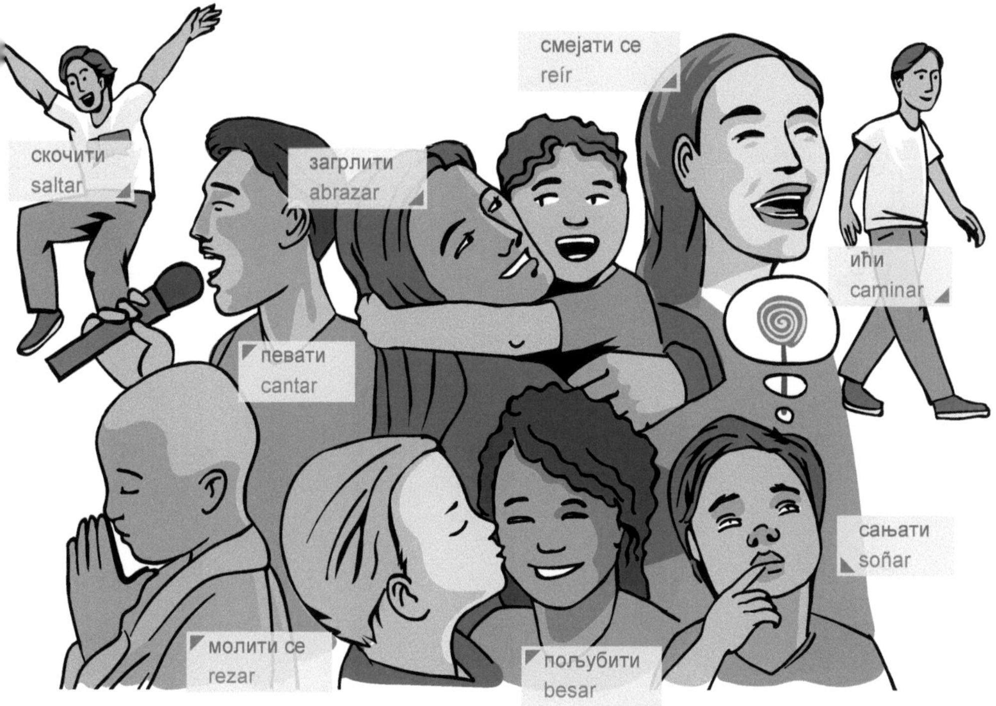

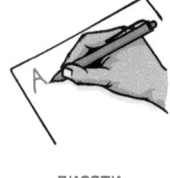

писати
escribir

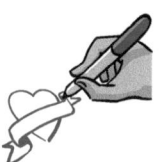

цртати
dibujar

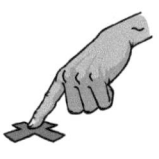

показати
mostrar

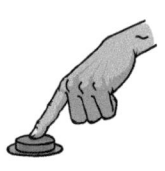

гурати
presionar

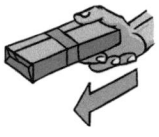

дати
dar

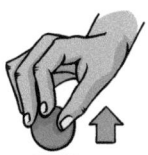

узети
tomar

имати

tener

чинити

hacer

бити

ser

стојати

estar parado

трчати

correr

повлачити

tirar

бацити

tirar

падати

caer

лежати

estar acostado

чекати

esperar

носити

llevar

седити

estar sentado

облачити

vestirse

спавати

dormir

пробудити се

despertar

гледати

mirar

плакати

llorar

миловати

acariciar

чешљати

peinar

говорити

hablar

разумети

entender

питати

preguntar

слушати

escuchar

пити

beber

јести

comer

поспремити

ordenar

волети

amar

кухати

cocinar

возити

manejar

летети

volar

пловити

navegar

рачунати

calcular

читати

leer

учити

aprender

радити

trabajar

венчати се

casarse

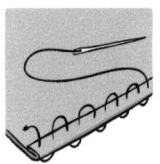

шити

coser

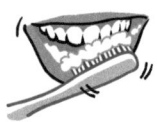

прати зубе

cepillarse los dientes

убити

matar

пушити

fumar

послати

enviar

породица
la familia

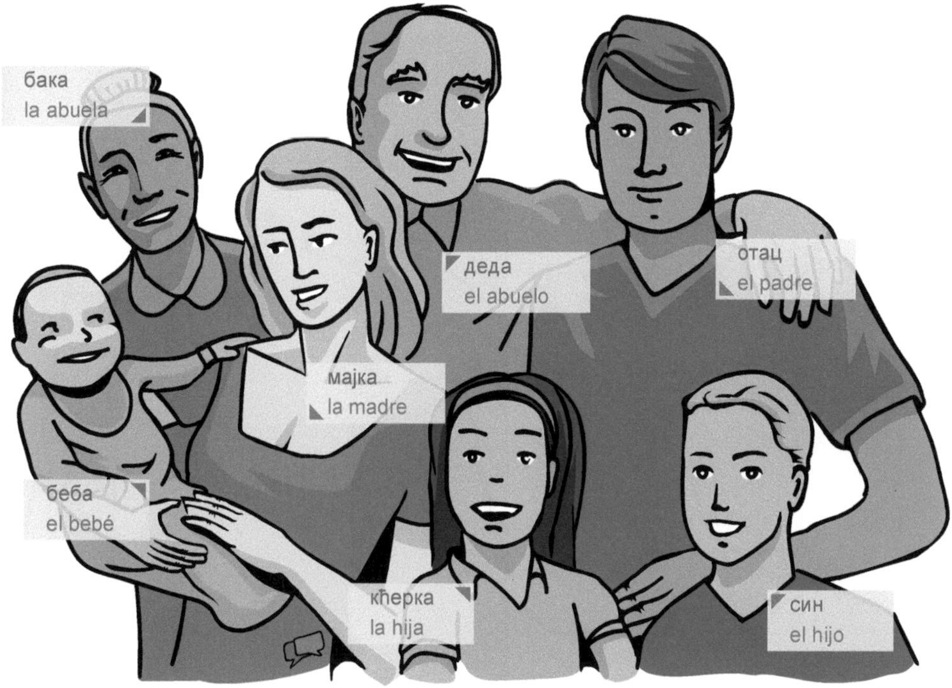
бака
la abuela
деда
el abuelo
отац
el padre
мајка
la madre
беба
el bebé
кћерка
la hija
син
el hijo

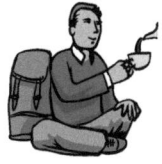

гост

el invitado

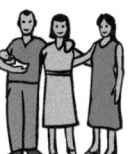

тетка

la tía

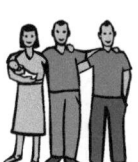

ујак, стриц

el tío

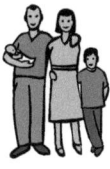

брат

el hermano

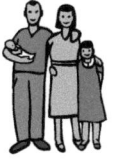

сестра

la hermana

тело

el cuerpo

чело
la frente
око
el ojo
раме
el hombro
прст
el dedo
лице
la cara
брада
la pera
рука
la mano
груди
el pecho
нога
la pierna
рука
el brazo

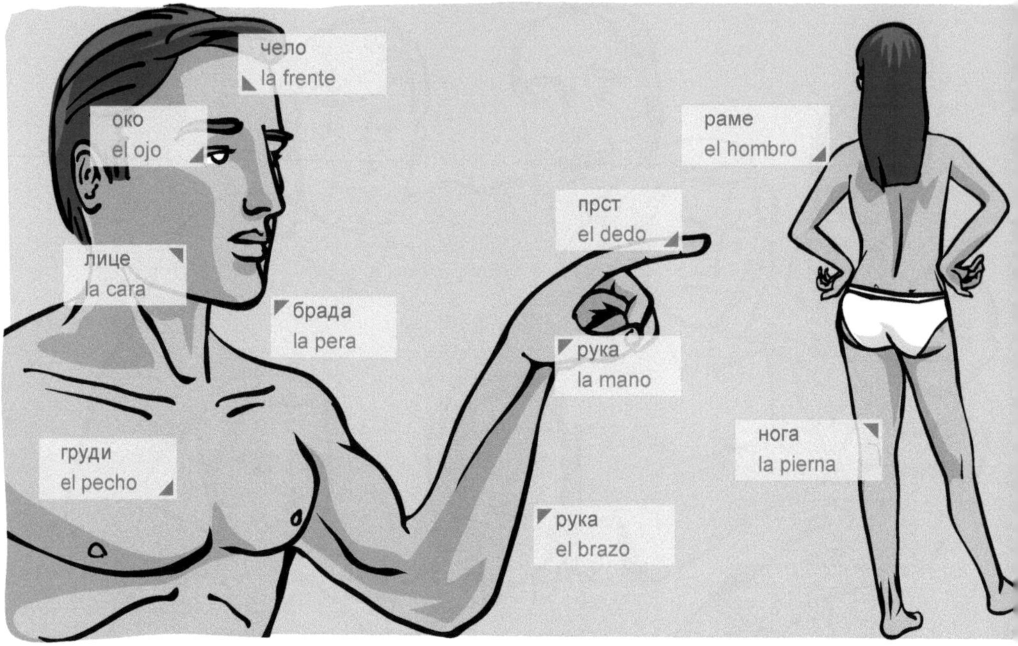

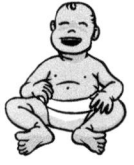

беба

el bebé

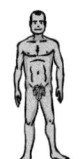

мушкарац

el hombre

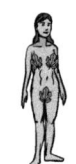

жена

la mujer

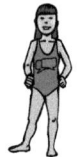

девојчица

la nena

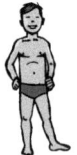

дечак

el nene

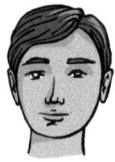

глава

la cabeza

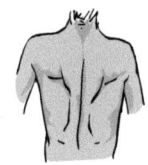

леђа

la espalda

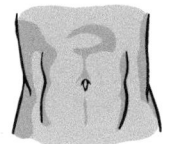

стомак

la panza

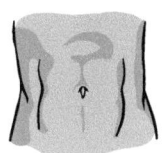

пупак

el ombligo

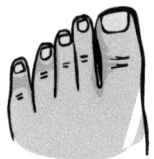

ножни прст

el dedo del pie

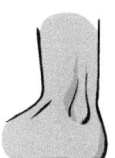

пета

el talón

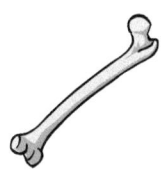

кост

el hueso

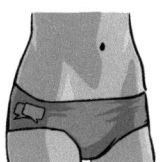

кукови

la cadera

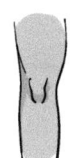

колено

la rodilla

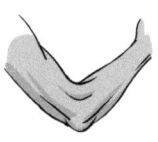

лакат

el codo

нос

la nariz

задњица

la cola

кожа

la piel

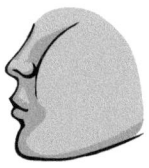

образ

el cachete

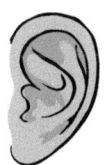

уво

la oreja

усна

el labio

уста

la boca

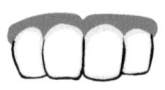

зуб

el diente

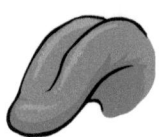

језик

la lengua

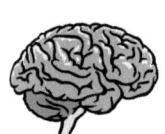

мозак

el cerebro

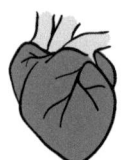

срце

el corazón

мишић

el músculo

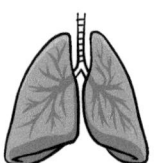

плућа

el pulmón

јетра

el hígado

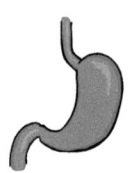

желудац

el estómago

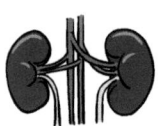

бубрези

los riñones

полни однос

el sexo

кондом

el preservativo

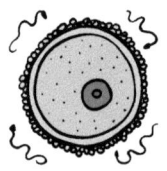

јајна ћелија

el óvulo

сперма

el semen

трудноћа

el embarazo

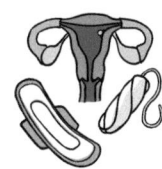

менструација

la menstruación

вагина

la vagina

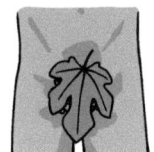

пенис

el pene

обрва

la ceja

коса

el pelo

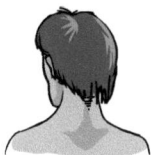

врат

el cuello

болница
el hospital

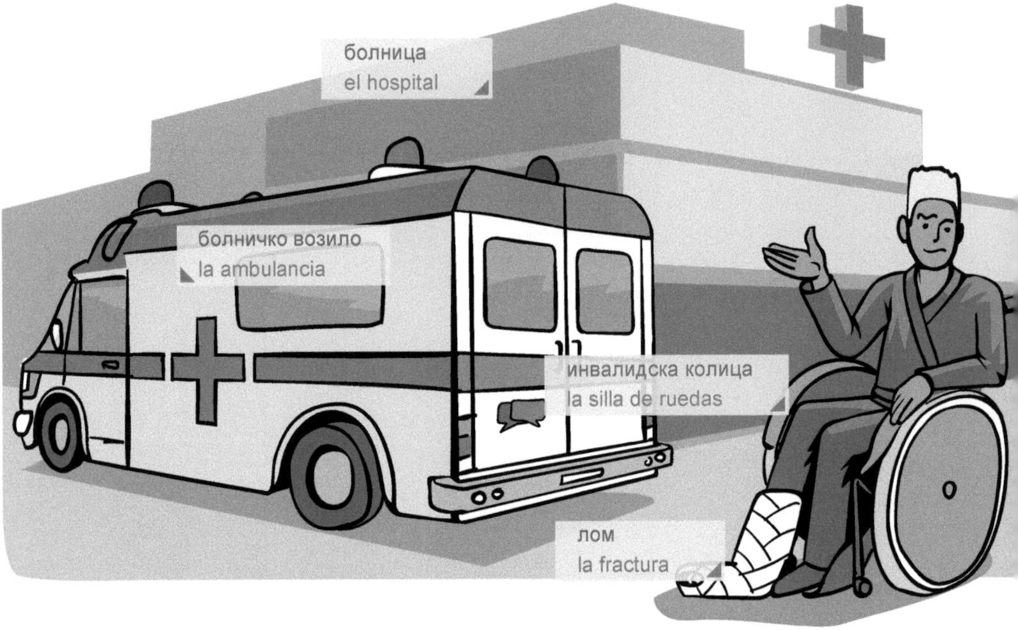

болница
el hospital
болничко возило
la ambulancia
инвалидска колица
la silla de ruedas
лом
la fractura

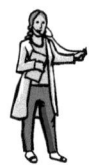

лекар
el médico

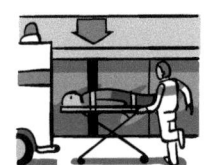

хитна медицинска служба
la sala de guardia

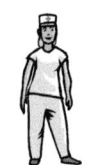

медицинска сестра
la enfermera

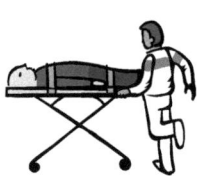

хитни случај
la emergencia

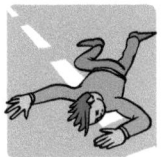

несвест
inconsciente

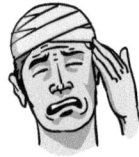

бол
el dolor

повреда

la lesión

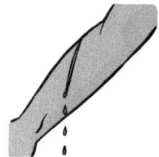

крварење

la hemorragia

срчани удар

el infarto

удар

el ACV

алергија

la alergia

кашаљ

la tos

грозница

la fiebre

грипа

la gripe

пролив

la diarrea

главобоља

el dolor de cabeza

рак

el cáncer

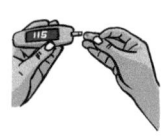

дијабетес

la diabetes

хирург

el cirujano

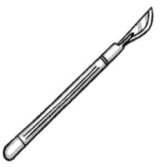

скалпел

el bisturí

операција

la operación

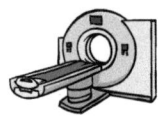

цт
la TC

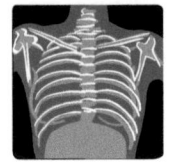

рентген
los rayos x

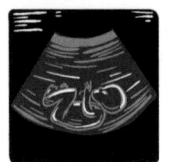

ултразвук
la ecografía

маска
el barbijo

болест
la enfermedad

чекаона
la sala de espera

штака
la muleta

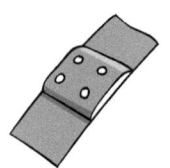

фластер
la curita

завој
la venda

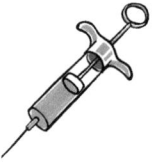

ињекција
la inyección

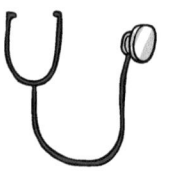

стетоскоп
el estetoscopio

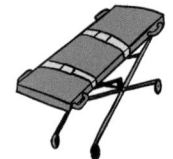

носила
la camilla

термометар
el termómetro

рођење
el nacimiento

прекомерна тежина
el sobrepeso

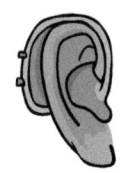

слушни апарат

el audífono

средство за дезинфекцију

el desinfectante

инфекција

la infección

вирус

el virus

хив / аидс

el VIH / SIDA

медицина

el remedio

вакцинација

la vacunación

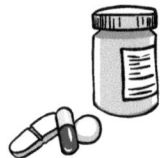

таблете

los comprimidos

пилула

la pastilla anticonceptiva

хитни позив

la llamada de emergencia

уређај за мерење притиска

el tensiómetro

болесно / здраво

enfermo / sano

помоћ!

¡Ayuda!

аларм

la alarma

насртај

la agresión

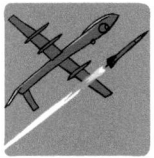

напад

el ataque

опасност

el peligro

излаз у случају нужде

la salida de emergencia

пожар!

¡Fuego!

противпожарни апарат

el matafuego

незгоца

el accidente

кутија прве помоћи

el botiquín de primeros
auxilios

сос

el SOS

полиција

la policía

Европа

Europa

Северна Америка

América del Norte

Јужна Америка

América del Sur

Африка

África

Азија

Asia

Аустралија

Australia

Атлантик

el Atlántico

Пацифик

el Pacífico

Индијски океан

el Océano Índico

Антарктички океан

el Océano Antártico

Арктички океан

el Océano Ártico

Северни рол

el polo norte

Јужни рол

el polo sur

Антарктик

la Antártida

земља

la Tierra

земља

la tierra

море

el mar

оток

la isla

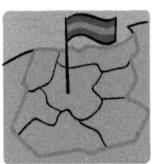

нација

la nación

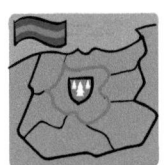

држава

el estado

бројчаник сата

la esfera

сатна казаљка

la manecilla de las horas

минутна казаљка

el minutero

секундна казаљка

el segundero

Колико је сати?

¿Qué hora es?

дан

el día

време

la hora

сада

ahora

дигитални сат

el reloj digital

минута

el minuto

час

la hora

седмица
la semana

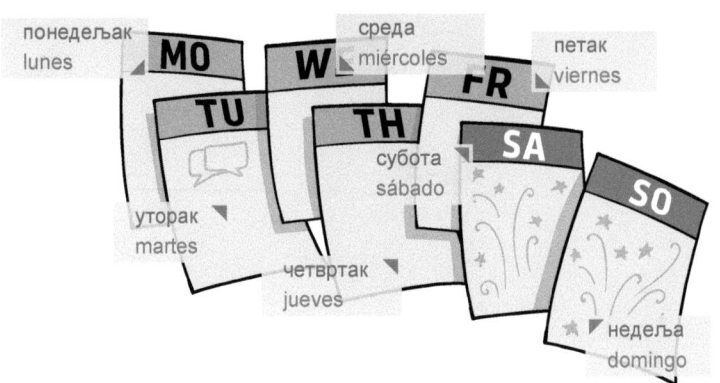

понедељак
lunes

среда
miércoles

петак
viernes

уторак
martes

четвртак
jueves

субота
sábado

недеља
domingo

jуче
....
ayer

данас
....
hoy

сутра
....
mañana

jутро
....
la mañana

подне
....
el mediodía

вече
....
la tarde

MO	TU	WE	TH	FR	SA	SU
1	2	3	4	5	6	7
8	9	10	11	12	13	14
15	16	17	18	19	20	21
22	23	24	25	26	27	28
29	30	31	1	2	3	4

радни дани
....
los días hábiles

MO	TU	WE	TH	FR	SA	SU
1	2	3	4	5	6	7
8	9	10	11	12	13	14
15	16	17	18	19	20	21
22	23	24	25	26	27	28
29	30	31	1	2	3	4

викенд
....
el fin de semana

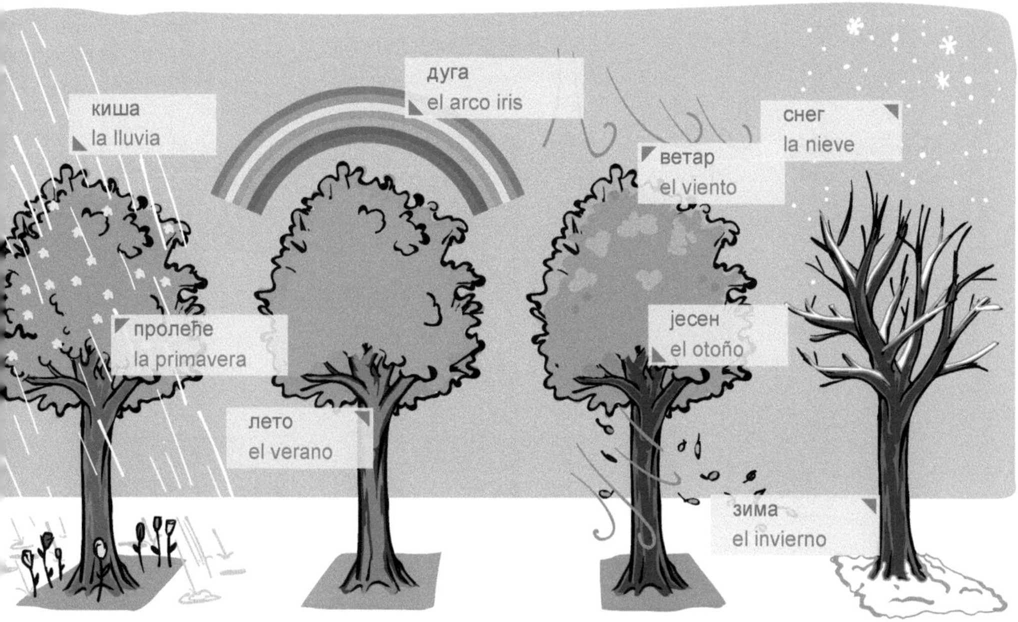

киша
la lluvia

дуга
el arco iris

снег
la nieve

ветар
el viento

пролеће
la primavera

јесен
el otoño

лето
el verano

зима
el invierno

4.APRIL	11°	☀
5.APRIL	4°	☔
6.APRIL	13°	🌥
7.APRIL	8°	☀
8.APRIL	10°	☀

метеоролошка прогноза

pronóstico meteorológico

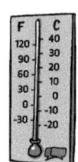

термометар

el termómetro

сунчана светлост

la luz del sol

облак

la nube

магла

la niebla

влажност ваздуха

la humedad

муња

el rayo

грмљавина

el trueno

олуја

la tormenta

туча

el granizo

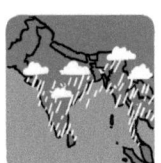

монсун

el monzón

поплава

la inundación

лед

el hielo

јануар

enero

фебруар

febrero

март

marzo

април

abril

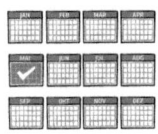

мај

mayo

јуни

junio

јули

julio

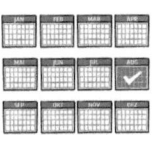

август

agosto

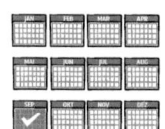

септембар
septiembre

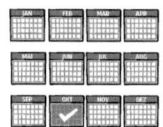

октобар
octubre

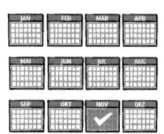

новембар
noviembre

децембар
diciembre

облици
las formas

круг
el círculo

квадрат
el cuadrado

правоугао
el rectángulo

троугао
el triángulo

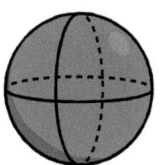

кугла
la esfera

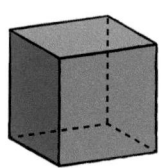

коцка
el cubo

бела

blanco

жута

amarillo

наранџаста

naranja

ружичаста

rosa

црвена

rojo

љубичаста

violeta

плава

azul

зелена

verde

смеђа

marrón

сива

gris

црна

negro

много / мало

mucho / poco

љутито / мирно

enojado / tranquilo

лепо / ружно

lindo / feo

почетак / крај

el principio / el fin

велико / малено

grande / chico

светло / тамно

claro / oscuro

брат / сестра

el hermano / la hermana

чисто / прљаво

limpio / sucio

потпуно / непотпуно

completo / incompleto

дан / ноћ

el día / la noche

мртво / живо

muerto / vivo

широко / уско

ancho / angosto

јестиво / нејестиво

comestible / no comestible

зло / добро

malo / amable

узбуђено / досадно

entusiasmado / aburrido

дебело / мршаво

gordo / flaco

на почетку / на крају

primero / último

пријатељ / непријатељ

el amigo / el enemigo

пуно / празно

lleno / vacío

тврдо / мекано

duro / blando

тешко / лагано

pesado / liviano

глад / жеђ

el hambre / la sed

болесно / здраво

enfermo / sano

илегално / легално

ilegal / legal

паметно / глупо

inteligente / estúpido

лево / десно

izquierda / derecha

близу / далеко

cerca / lejos

ново / половно

nuevo / usado

ништа / нешто

nada / algo

старо / младо

viejo / joven

укључено / искључено

encendido / apagado

отворено / затворено

abierto / cerrado

тихо / гласно

silencioso / ruidoso

богато / сиромашно

rico / pobre

тачно / погрешно

correcto / incorrecto

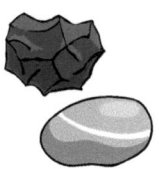

храпаво / глатко

áspero / suave

тужно / сретно

triste / contento

кратко / дуго

corto / largo

полако / брзо

lento / rápido

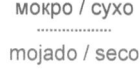

мокро / сухо

mojado / seco

топло / хладно

caliente / frío

рат / мир

guerra / paz

бројеви

los números

0	**1**	**2**
нула	један	два
cero	uno	dos
3	**4**	**5**
три	четири	пет
tres	cuatro	cinco
6	**7**	**8**
шест	седам	осам
seis	siete	ocho
9	**10**	**11**
девет	десет	једанаест
nueve	diez	once

12	**13**	**14**
дванаест	тринаест	четрнаест
doce	trece	catorce

15	**16**	**17**
петнаест	шестнаест	седамнаест
quince	dieciséis	diecisiete

18	**19**	**20**
осамнаест	деветнаест	двадесет
dieciocho	diecinueve	veinte

100	**1.000**	**1.000.000**
стотину	хиљаду	милион
cien	mil	el millón

енглески

el inglés

амерички енглески

el inglés americano

мандарински кинески

el chino mandarín

хиндски

el hindi

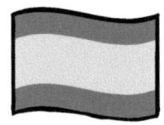

шпански

el español

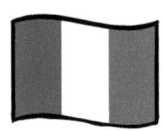

француски

el francés

арапски

el árabe

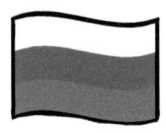

руски

el ruso

португалски

el portugués

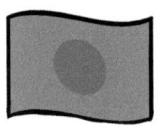

бенгалски

el bengalí

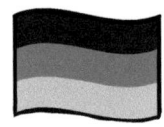

немачки

el alemán

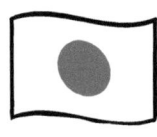

јапански

el japonés

ja
yo

ти
vos

он / она / оно
él / ella

ми
nosotros

ви
ustedes

они
ellos

Ко?
¿quién?

Шта?
¿qué?

Како?
¿cómo?

Где?
¿dónde?

Када?
¿cuándo?

име
el nombre

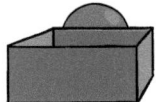

иза

detrás

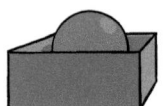

у

en

испред

adelante de

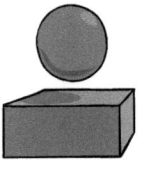

преко

por encima de

на

sobre

испод

debajo de

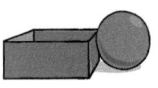

поред

al lado de

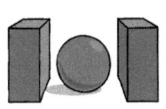

између

entre

место

el lugar